Julien Cachemaille

Olaf

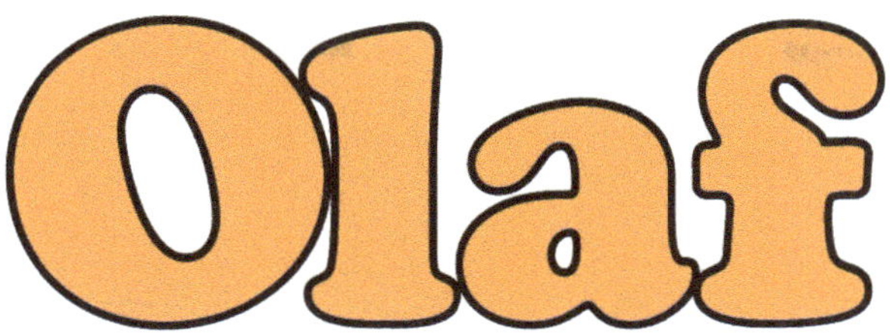

na estação de trem

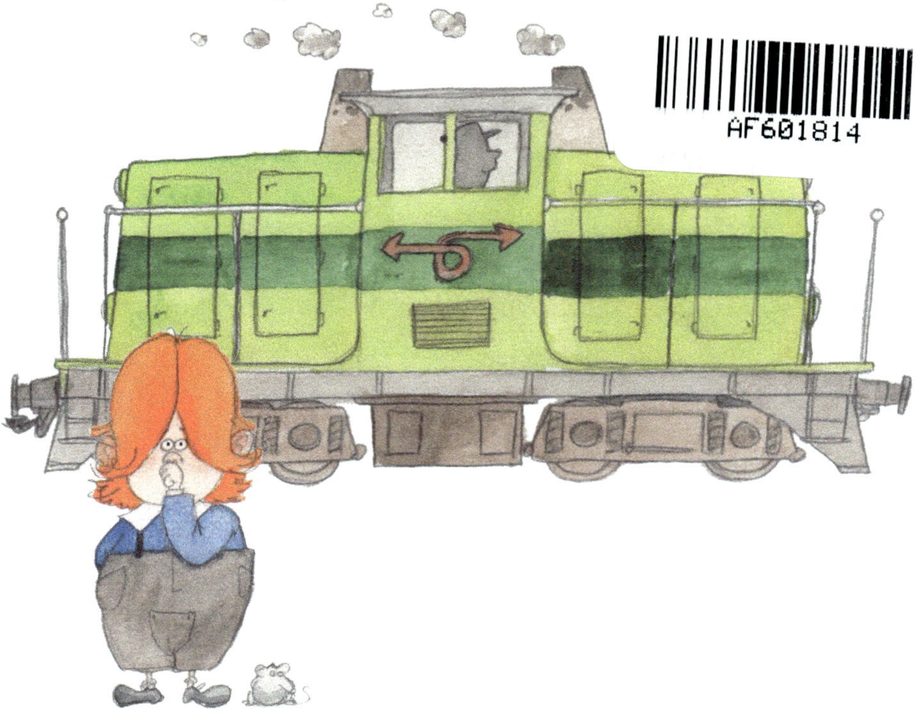

Éditions de la Chaussette

Série Olaf número 1:
Olaf na estação de trem

Texto, ilustrações, projeto gráfico e tradução:
Julien Cachemaille

www.juliencachemaille.wordpress.com

ISBN: 978-2-940564-01-9

11 12 1
10 2
9 3
8 4
7 5

Julien Cachemaille, julho de 2015

www.ingramcontent.com/pod-product-compliance
Ingram Content Group UK Ltd.
Pitfield, Milton Keynes, MK11 3LW, UK
UKHW062255290726
14090UKWH00017B/699